[SANRIO CHARACTERS ★ はじめのいっぽシリーズ]

シナモロールの お友だちと なかよくするには？

監修 白坂洋一（筑波大学附属小学校教諭）

はじめに

友だちは、わたしたちの毎日を、もっと楽しく幸せなものにしてくれるね。
悲しいときやつらいときでも、友だちがそばにいてくれるだけで、心強い。
でも、友だちをつくるにはどうしたらいいんだろう?
友だちとけんかしてしまったらどうすればいいんだろう?
そんなふうに、なやむことはないかな?

この本では、「友だちとなかよくするにはどうしたらいいの?」という、あなたのぎ問に答えるよ。
ページをめくると、これからのヒントになることがいっぱいあるはず。
友だちを大切にするあなたの心が、あなたの未来を、もっと明るく、幸せなものにしてくれるよ。

シナモロールのしょうかい

誕生日
3月6日

しゅみ
カフェのテラスで
おひるね

好きな食べ物
「カフェ・シナモン」
名物の
シナモンロール

遠いお空の雲の上で生まれた、白いこいぬの男のコ。
特技は、大きな耳をパタパタさせて、空を飛ぶこと。
おとなしいけれど、とても人なつっこいよ。

カプチーノ

誕生日 6月27日
のんびり屋さんで、
くいしんぼう。

モカ

誕生日 2月20日
おしゃれでおしゃべり。
みんなのお姉さん的存在。

シフォン

誕生日 1月14日
いつも元気いっぱいの
ムードメーカー。

エスプレッソ

誕生日 12月4日
ワンちゃんコンテストで
優勝したこともある、
おぼっちゃま。

みるく

誕生日 2月4日
シナモンのように、
いつか空を飛びたいと
思ってる。

[もくじ]

- はじめに ……………………………………………… 2
- シナモロールのしょうかい ……………………… 4

第1章　友だちになるには

- あいさつをしよう　—おはよう・バイバイ— ……… 11
- あいさつをしよう　—ありがとう・ごめんね— ……… 15
- 自分から話しかけよう ……………………………… 19
- 自分のことを話そう ………………………………… 23
- 友だちのことを聞いてみよう ……………………… 27
- 聞き上手になろう …………………………………… 31
- 手紙を送ってみよう ………………………………… 35

第2章　もっと友だちと なかよくなろう

- みんなでなかよく話そう ……………………………… 41
- けんかになったら ……………………………………… 45
- なかなおりしよう ……………………………………… 49
- グループやクラスでなかよくしよう ………………… 53
- マナーを守ろう ………………………………………… 57
- 言葉づかいに気をつけよう …………………………… 61
- 自分の気持ちに気づこう ……………………………… 65
- スマホとうまくつき合おう …………………………… 69

第3章　「好き」が友だちをつくる

タイプ診断テスト ……………………………… 74
みんなのタイプを知ろう …………………………… 77
ちがうからこそおもしろい ………………………… 81
自分の時間を大事にしよう ………………………… 85
友だち関係で自信をなくしたら …………………… 89
お友だちをさそってみよう ………………………… 93
いろんな人と友だちになってみよう ……………… 97
こんな友だちできるかも …………………………… 101
別れは出会いのはじまり …………………………… 105

おわりに ……………………………………………… 110

第1章
友だちになるには

どうやったら友だちはつくれるのかな？
はずかしがりやでもだいじょうぶ？

きみになかよしの友だちがいるなら、

その子とはどうやってなかよくなったか

覚えているかな?

むこうから話しかけてくれた?

気づいたら、

友だちになっていたかもしれないね。

これから出会う友だちとなかよくなる第一歩は、

話しかける勇気。

おしゃべりが苦手なきみには、

とっておきの方法を教えるよ!

1章 友だちになるには？

あいさつをしよう
－おはよう・バイバイ－

さっき、
ほかのクラスの子とすれちがって
目が合ったんだけど、
そらしちゃった。
話したことのない子だったから…。
これでよかったのかな？

あいさつは まほうの言葉

おはよう
(おはようございます)

こんにちは

こんばんは

「おはよう」「バイバイ」…みんな知ってる言葉だよね？　お友だちだけじゃなく、1日のはじまりやおわりに、人に会ったらあいさつをする習慣をつけよう。あいさつは、相手がだれでも、話すことがなくたって、みんなができるまほうの言葉だよ。

1章 友だちになるには？

元気にあいさつをされたら、だれだってうれしいもの。自分から積極的にあいさつをして、フレンドリーになろう。あいさつをきっかけになかよくなって、新しいお友だちができるかも…？　先生や目上の人には敬語であいさつしようね。

バイバイ

またね

さようなら

あいさつ上手で好感度アップ！

次の日、またすれちがったから、
少しはずかしかったけど
「おはよう」って言ってみたよ。
そしたら、うれしそうな顔をして
「おはよう！」って返してくれた。
わたしもうれしくなっちゃった。
勇気を出してよかった！

1章 友だちになるには?

あいさつをしよう
ーありがとう・ごめんねー

うっかり運動場に忘れてきた
わたしの水とうを、
友だちが届けにきてくれた。

うれしいような、はずかしいような…。

こんなとき、
なんて言うのがいいのかな?

心をこめて伝えよう

ありがとう

サンキュー

ありがとうございます

　だれかに親切にしてもらったり、助けてもらったりしたときは、すぐに笑顔で「ありがとう」と伝えよう。うれしい気持ちや感謝の気持ちがまっすぐに友だちに伝わるよ。なかがいい友だちだったら「サンキュー」でもOK。これなら世界中の人に言えるね。心をこめることも大事だけど、感謝の気持ちがすぐに口から出るくらい「ありがとう」が口ぐせになると、毎日が楽しくなりそうだね。

1章 友だちになるには?

友だちのものをこわしてしまったり、約束を守れなかったり、悲しい思いをさせてしまったときは、すなおに「ごめんなさい」と言おう。友だちの気持ちを考えながら心をこめて言えば、きっと伝わるよ。

ごめんね

すみません

ごめんなさい

相手も自分も笑顔に なれる「ありがとう」

「ありがとう」ってすぐに笑顔で伝えたら、
友だちはうれしそうな顔をしてた。
わたしもあたたかい気持ちになったよ。
わたしもだれかに「ありがとう」って
言ってもらえるような、
やさしい人になりたいな！

1章 友だちになるには？

自分から
話しかけよう

席がえで、
話したことのない人の
となりになった。
ちょっときんちょうするな。
向こうもだまってる…。
どうしよう？

話しかけられると うれしい

相手の名前を呼んで、
あいさつしよう
「〇〇さん、
おはよう！」

相手の持ちものを
ほめてみよう
「そのペンケース、
かわいいね。」

だれでも最初は「はじめまして」から始まるよね。
自分から話しかけるのはきんちょうするかもしれない
けど、じつは相手もシャイで、話しかけられるのを
待っているのかもしれないよ。まずはあいさつから、
こんなことを話題にしてみてはどうかな。

1章 友だちになるには?

はじめて話しかけるなら、相手がひとりのときがおすすめだよ。たくさんの人がいると、ほかの人にも気をとられちゃうかもしれない。ふたりになれたら、きょりをちぢめるチャンスかも。

きのうあったことを話そう

「きのうの夕飯、なに食べた?」

学校のことを話そう

「図書室でどんな本かりたの?」

21

きっと相手も友だちになりたい！

勇気を出して、笑顔で
「おはよう、○○くん」って声をかけてみたよ。
びっくりしたみたいだけど、
そこからいろんな話をしたよ。
きっと向こうもきんちょうしていたんだね。

1章 友だちになるには?

自分のことを話そう

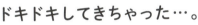

新しいクラスで
自己しょうかいタイムがやってきた。
なにを言ったらいいかわからないから、
自己しょうかいって苦手。
ドキドキしてきちゃった…。

わたしの「好き!」を みんなに知らせよう

どんな人と友だちになりたいかな? どんな人が友だちになってくれたらうれしいかな? 自分の好きなものがわかってもらえて、お話ができて、しゅみが合う友だちってうれしいよね。きっと、好きなことや夢中なことなら楽しく話せるよ。なにも用意をせずにみんなの前に立つときんちょうするから、まずはノートにメモしてみよう。

知らない人がたくさんいる場所での自己しょうかいはきんちょうするよね。でも、これから友だちになるみんなも同じようにきんちょうしているはず。みんな気持ちはいっしょだから、上手に発表しようとしなくていいんだよ。みんな、あなたのことをたくさん知りたいって思ってるから。

1章 友だちになるには？

● 友だちができる自己しょうかい

〇年〇組
名前：〇〇　△△
ニックネーム：〇〇って呼んでね！

自分のニックネームを考えてみよう。なんて呼ばれたらうれしいだろう？

しゅみ：絵をかくこと
・マイメロのキャラクターをかくのが好きです
・〇〇色と〇〇色でぬるのが自分の中ではやっています
・尊敬している絵描きさんは〇〇です

とくぎ：ダンス
・〇才からダンスを始めました
・YouTubeの〇〇のダンスを見るのが好きです
・友だちとダンスを合わせてさつえいして見てみたいです

短く書くだけでOK。クラスのみんなも知っていそうな、尊敬している人や好きなアーティスト、もの（タイトルなど）を思いついたらメモしておこう。

「好き」を伝えると「好き」が集まる!

自己しょうかいのあと
「わたしもマイメロ好きなの」って
声をかけてくれた子と、友だちになったよ。
帰るときにも「わたしもダンスしてるの。
今度いっしょに振りつけしよう!」って、
ダンス友だちまでできちゃった。
わたしの「好きなこと」を
知ってもらえてよかった。

1章 友だちになるには？

友だちのことを聞いてみよう

クラスに話してみたい子がいる。
その子のことを
もっと知りたいけど、
どうしたらいい？

あの子の「好き」を発見しよう

あなたは、その子のどんなところが気になったのかな？ おしゃれなところ？ 運動ができるところ？ 勉強が得意なところ？ しゅみが合いそうなところ？ あなたが「いいな」と思ったところは、相手の長所かもしれないね。なかよくなるには、相手の「好き」を見つけるのがおすすめだよ。

● 話しかけるポイント

・ていねいな言葉で話しかけよう

―急にたくさん話しかけるとびっくりさせちゃうかも。

　　まずはあいさつして、ひとつだけ質問してみよう。

・相手の様子を見ながら聞こう

―どんなふうに答えてくれたかな？　答えづらそうにして

　　いたら、無理に聞かないこと。相手が楽しく話せるテー

　　マがいいね。

・自分のことも話そう

―聞かれてばかりだと不安になるかも。「わたしはこうだ

　　よ！」と自分のことも話すと、安心してもらえるよ。

● こんなことを聞いてみよう！

・好きなこと / もの

　　「わたしはオムライスが好きだけど、〇〇くんは？」

・得意な科目

　　「わたしは算数が得意だけど、〇〇ちゃんは？」

・習いごとやしゅみ

　　「わたしは絵を描くのが

　　好きだけど、〇〇くんは？」

29

知れば知るほど なかよくなれる

いつもすてきなヘアスタイルだから、
「かわいい髪かざりだね」って話しかけてみたよ。
そうしたら、その子にはお姉ちゃんがいて、
毎朝髪をアレンジしてくれるんだって。
わたしにもお姉ちゃんがいるから、
姉妹の話で盛りあがったよ。

1章 友だちになるには？

聞き上手に なろう

楽しく会話したいけど、

どちらかというと
話すのがあんまり得意じゃない…。

だまっていたら、いやな感じだよね？

どうしたらいいだろう？

？

話を聞いてもらえるとうれしい

話すのが得意な人も、そうでない人もいるよね。あなたはもしかしたら「聞き上手」なのかも。相手の話の内容を「うんうん」「へえ！」とあいづちをうちながら聞くと、話す人も「聞いてくれてるな」ってうれしくなるはずだよ。

聞き上手のあなたは、きっと話している友だちの気持ちをよくわかってあげられる人。自分から話題を探さなくても、相手の話に「そういえば、わたしにも同じようなことがあって」とか「旅先でおいしいものあった？」とかいうふうに返してみたら、どんどん話題が広がって楽しくなりそうだね。

1章 友だちになるには？

● 話す友だち

「家族で静岡へ
旅行に行ったよ。
楽しかった！」

相手の方を見る

● 聞いている自分

「静岡といえば富士山が有名だね」
「どうやって行ったの？」
「天気はよかった？」
「妹は元気にしてる？」

聞き上手さんは、相手の話からたくさんの話題を引き出せます。

● あいづちをうつ

聞き上手さんの
あいうえお

ああ！
いいね
うんうん
えーっ
おもしろいね

聞き上手さんの
さしすせそ

さすが！
しらなかった…
すごいね
センスある！
そうなんだ！

会話は言葉のキャッチボール

「〇〇さんと話すの、すごく楽しい！」って言われてうれしかった。わたしがたくさん話さなくても、友だちの話を聞いてるだけで、会話って楽しいんだね。

1章 友だちになるには？

手紙を送ってみよう

友だちの元気がないみたい。
心配だけど、
なかなか声をかけられなくて…。
なにかいい方法はないかな？

思いを文字にのせて

「ありがとう」「大丈夫?」「ごめんね」…伝えたいことはあるけど、はずかしくて言いにくい。そんなことってあるよね。直接言えるとすてきだけど、むずかしいときは手紙で伝えてみよう。手紙だからこそ、すなおに言えることもあるかもしれないね。

1章 友だちになるには？

● 心をこめて書こう

> ○○ちゃんへ
> いつもなかよくしてくれてありがとう。
> 今日はちょっと元気がないように見えたけど、
> だいじょうぶ？　なにかあったら、いつでも相談してね。
> ○○より

今まで手紙をもらってうれしかったときのことを思い出してみよう。相手が自分のことを思って書いてくれるって、うれしいことだよね。むずかしく考えなくてだいじょうぶだよ。

● 手紙を書くコツ

・一言だけでもだいじょうぶ。心のこもった文字で思いは伝わるよ
・イラストをそえてみよう。気持ちを伝える手助けになるかも
・すてきな便せんを探してみよう。書くのが楽しくなるよ
・スマホのメッセージなら、絵文字やスタンプも使ってみよう

手紙で気持ちはもっと伝わる！

手紙をわたしたら、
次の日、話しかけられたよ。
きのうは弟とけんかして落ちこんでいたみたい。
「手紙をもらって元気が出たよ。
おかげでなかなおりできた」だって。
よかった。

第2章
もっと友だちとなかよくなろう

友だちとずっとなかよしでいるには
どうしたらいいだろう?
友だち以外の子ともなかよくなれるかな?

あの子となかよくなれたきみ。

いっしょに過ごす時間が長くなると、

楽しいことだけじゃなく、

ときに悲しいこともあるかもしれない。

でも、落ちこまなくてだいじょうぶ。

そのいろいろな感情は、

きっときみの未来を照らしてくれるはず。

友だちの友だちや、

クラスのなかまとなかよくする方法も

学んでみよう！

2章 もっと友だちとなかよくなろう

みんなでなかよく話そう

○○ちゃんと遊ぶ約束をしたのに、
あまり知らない△△さんもついてきた。
話したことないから
きんちょうするな…。

「ねえねえ」でなかよしの輪を広げよう

よく知ってる〇〇ちゃんとばかりなかよくするんじゃなくて、△△さんもなかよしの輪の中に入れてあげよう。まほうの言葉「ねえねえ！」とまず声をかけて、「△△さんはどう？」と話をふってみよう。すぐに友だちになれるはずだよ。

2章 もっと友だちとなかよくなろう

反対に、〇〇ちゃんが△△さんとばかり話をしていて、輪の中に入りたいのに入れないときも「ねえねえ」「なんの話をしているの?」とこちらから話しかければきっとだいじょうぶ。「ねえねえ」をたくさん使って、なかよしの輪を広げてみてね。

友だちの友だちは きっと友だち

今までよく知らなかった△△さん。
マンガの話をしたら好きなキャラがいっしょで、
とてもおもしろい人だったよ。
もっとなかよくなりたくて、
放課後みんなで図書館に行くことに。
…あれ、あの子も話に入りたそうに
こっちを見てる。
「ねえねえ」って
声をかけてみようかな。

2章 もっと友だちとなかよくなろう

けんかになったら

友だちとつい口げんかしちゃった。
今日はずっと、口をきいてくれなかった。
ムカムカするし、すごく落ちこんでる…。

なぜけんかに なったのかな？

けんかをしたらあやまるのが大事だけど、その前に、冷静になっていやな気持ちの原因を考えてみよう。納得しないでただあやまっても、本当のなかなおりはできないよ。

モヤモヤした気持ちを引きずるのはつらいよね。けんかが長引くとなかなおりはむずかしくなっていくから、できるだけ早くなかなおりしよう。自分たちだけで解決するのがむずかしそうなら、信らいできる大人に相談しようね。

●けんかの原因を考えてみよう

・自分は友だちのなにがいやだった？
・自分は友だちになにをした？
・友だちはなにがいやだったと思う？
・自分に悪いところはなかった？
・ふたりだけの問題？　ほかの友だちも関係している？

心のモヤモヤと向き合おう！

友だちが、わたしの好きなキャラのことを
悪く言ったのがいやだったんだ。
友だちはほかのキャラが好き。
でも、あのマンガが好きっていうのは
同じなんだよね。
ムカっとして「全然よくない！」って言ったの、
悪かったな。
気持ちが落ち着いて、
あやまる勇気が出てきたよ。

2章 もっと友だちとなかよくなろう

なかなおりしよう

好きなキャラのちがいで
けんかしちゃった友だちと
なかなおりしたいんだけど…
まずはなんて話しかけたらいいんだろう。
すぐそこにいるのに、
なんだか気まずいな。

なかなおりは友だちとの共同作業

少しけんかができる友だちこそ、大切な友だち。ちょっとしたおたがいの「好き」や「こだわり」がけんかのきっかけになることも。相手の気持ちもきっとあなたといっしょ。けんかしたことをまだ引きずっていて、おたがい悲しい気持ちだったら「この間はごめんね」ってこちらから言えれば、きっと友だちもうれしいはず。

● なかなおりしたいときは…

・ほんとうは口をききたいのに…まだ悲しいな。
　あのマンガの話、またしたいな。
→「この間はごめん」
　けんかしちゃったことをあやまろう。

・もうおたがいにおこってはいないみたい。
　話すきっかけがほしいな。
→「元気?」「最近どう?」「新しいストーリーもう読んだ?」
　時間がなかなおりさせてくれることも。けんかをむしか
　えさない。

けんかするほど なかがいい！

誤解が解けたみたい。
本当はどちらも同じマンガが好きだったのに。
わたしもキャラのことをかんちがいしちゃってた。
おたがいの「好き」を尊重できるようになったら、
もっともっと、
マンガも友だちのことも好きになったよ。

2章 もっと友だちとなかよくなろう

グループやクラスで なかよくしよう

班に分かれて活動することに
なったんだけど、
ちょっと苦手な子と
いっしょになっちゃった。
どうしたら楽しくできるかな？

短所は長所かも

クラスにはたくさんの人がいるから、中にはタイプの全然ちがう子や苦手な子もいるかもしれないね。友だちが多いのがえらいわけではないし、全員と無理になかよくならなくてもいいんだけど、せっかくならみんなと楽しく毎日を過ごしたいよね。

ひとりひとりに個性があって、それってとてもすてきなこと。長所を見つけられたら、きょりもぐっとちぢまるし、話し合いもスムーズになるよ。苦手だと思っていたところも、じつはその人のいいところかもしれない。

苦手だと感じている気持ちは、自然と相手にも伝わってしまうもの。勇気を出して、まずはこちらから心を開いて声をかけてみよう。そうすると、氷が溶けていくように、どんどんきんちょうもほぐれていくはずだよ。

2章 もっと友だちとなかよくなろう

● その短所、もしかしたら…
・つまらない子 → まじめな子
・おとなしい子 → やさしい子
・はっきりした子 → 正直な子
・おしゃべりな子 → 明るい子
・やんちゃな子 → パワフルな子
・こまかい子 → 気が利く子

55

いいところを見つけるプロになろう

やんちゃな〇〇くんだけど、
いつもみんなを笑わせて
クラスを盛りあげてくれるムードメーカー。
そう思うと、〇〇くんの明るさで
楽しく活動できている気もするな。
「〇〇くんって楽しい人だね」って言ったら、
今までよりたくさん
話しかけてくれるようになったよ！

2章 もっと友だちとなかよくなろう

マナーを守ろう

なかよしの○○ちゃん。
いつもものの貸し借りをしてるから、
貸してくれるだろうと思って
だまって消しゴムを使ったら、
いやな顔をされちゃった…。

親しきなかにも れいぎあり

どんなになかのいい友だちでも、れいぎやマナー、敬意を持って接することが大切だよ。そうすれば、おたがいに気持ちよく、いつまでも深い友情でつき合っていけるはず。
こちらを思いやり、敬意を持って接してくれる友だちには、自然と尊敬の気持ちがわいてくるよね。おたがいを尊敬し合える友だちは「親友」。時間や場所がはなれても、親友どうしの友情はいつまでも続いていくよ。

2章 もっと友だちとなかよくなろう

●友だちどうしのマナー

・お礼を言う、あやまる
・ないしょ話やうわさ話をしない
・約束や決めごとを守る
・借りたものはちゃんと返す

時間が経っても
大人になっても

遠くはなれても
学校が変わっても

尊敬し合える
友だちが「親友」

初心を忘れないで

やさしい〇〇ちゃんにあまえていたみたい。
勝手に使われたらいやだよね…。
「ごめんね」とあやまったら、許してくれたよ。
次からはちゃんと聞こう。
お礼もきちんと言おう。
〇〇ちゃんとはずっと
友だちでいたいから…。

2章 もっと友だちとなかよくなろう

言葉づかいに気をつけよう

運動会のバトンリレー。
わたしたちのチームがトップを走っていたんだけど、
同じチームの〇〇ちゃんが
最後の最後でこけちゃった。
結果はビリに…。
こんなとき、なんて声をかけたらいいの？

言葉づかいはマナー

みんなが食事をするときは、きちんとおはしを持って、食べながらしゃべらないとか、音を立てないとか、いろいろなマナーがあるよね。「話し方」にも同じようにマナーがあるんだよ。相手を傷つけない言い方をすること。悪気はなくても、言葉で相手を傷つけてしまうこともあるんだよ。同じことを伝えても、言い方で相手の受けとり方は全然ちがうんだ。相手の気持ちを思いやって話そうね。

2章 もっと友だちとなかよくなろう

- 「ドンマイ！落ちこまないで」→○
- 「せっかくトップだったのに」→× 失敗をくやんで苦しくなっちゃうよ。
- 「次はがんばろうね」→○
- 無視する→× みんなおこっているのかなと不安になるかも。

● やさしい言葉といやな言葉

やさしい言葉 (どんどん使おう♪)	いやな言葉 (使っちゃダメ!)
・いいね	・うざい
・やさしいね	・バカ
・ありがとう	・サイテー
・だいじょうぶだよ	・むかつく
・よかったね	・変なの
・うれしいな	・きらい
・助かったよ	・デブ
・上手だね	・意味わかんない
・好きだよ	・もういい
・わたしならこうするな	・そんなこともできないの？

言われてうれしい言葉を返そう！

とっても悲しそうな〇〇ちゃん。
「気にしない気にしない。
一生けんめい走ったんだから」って声をかけたよ。
だって、わざとこけたわけじゃない。
もしわたしがこけてしまったら、
こんなふうに言ってもらえたら
うれしいなって思うから。

2章 もっと友だちとなかよくなろう

自分の気持ちに気づこう

大好きな友だちに
ドッジボールにさそわれたけど、
今日は教室で静かに遊びたい気分。
でも、断ると悪いから、
いっしょに出かけたよ。
なんだかモヤモヤ…。

自分の気持ちに正直に、相手の気持ちも大切に

意見がちがうときや断るとき、正直でいいんだよ。でも、ぶっきらぼうに断ると「きらわれたのかな」って悲しませちゃうかも。さそってくれた友だちはきっと、あなたといっしょに遊びたかったはず。相手の気持ちも考えてみよう。

友だちとの関係を気にして自分の気持ちを無視してしまうと、心から楽しめなかったり、こうかいしてしまったりすることがあるよ。自分の気持ちを素直に伝えてみて。友だちもあなたの気持ちをわかってくれるはず。

2章 もっと友だちとなかよくなろう

なんだか
楽しめない
かも。

自分は今、
どんな気分
なんだろう…?

今日は静かに
遊びたい
気分なんだ。

また今度
いっしょに
遊ぼうね!

正直に伝えて信らい度もアップ！

「楽しそうでいいね。
でも、今日は教室にいたい気分だから、
また今度ね」って伝えたよ。
そうしたら友だちも、
気が向かないときは
正直に言ってくれるようになった。
おたがいの気持ちを尊重して、
すなおに話せる友だちっていいね！

2章 もっと友だちとなかよくなろう

スマホとうまくつき合おう

スマホを持っている友だちどうしで
グループチャットをしているんだけど、
わたしのメッセージに
だれも返してくれなかったよ。
なかまはずれにされてるのかな…。

?

なやむ前に直接話そう

クラスでどれくらいの人がスマホを持っているだろう。一部の人が持っているかな？ スマホがあれば、家に帰っても友だちとやりとりができて楽しいよね。でも、スマホではおたがいの顔が見えないから、不安になることもあるかもしれないね。言葉の意味はなんだろうとか、もしかしておこってる？ とか…。

2章 もっと友だちとなかよくなろう

モヤモヤしたら、スマホを置こう。せっかくの学校、友だちには毎日会えるよね。スマホはあくまでコミュニケーションの「おまけ」。気になることがあったら、明日、直接友だちに会って話してみたらどうだろう?

それに、スマホにいぞん（あることを、やめたくてもやめられないじょうたい）すると、スマホを持っていない子がさみしい思いをするかもしれないよ。

● こんな気持ち生まれてないかな?

　　それってスマホいぞんかも!
・返事がこなくて不安
・言葉の意味がわからなくてモヤモヤする
・早く返事をしないときらわれそうでこわい
・グループに参加しないといけないのがゆううつ

面と向かって話そう

次の日、グループの友だちに
声をかけたら
「それ、今日話そうと思ってたんだ！」だって。
よけいな心配だったみたい。
メッセージだけで
気にしすぎるのはやめようっと。

第3章
「好き」が友だちをつくる

どうして友だちがいたほうがいいの？
友だちは少なくてもだいじょうぶ？

タイプ診断テスト
次の4つの質問で、一番近いものに〇をつけてね！

Q 学校の遠足でやりたいのはどれ？
A：リーダーになってみんなをまとめる
B：つかれている友だちを助けてあげる
C：スケジュールをきっちり守る
D：楽しいゲームをみんなに提案する

Q 休み時間はどう過ごすのが好き？
A：おにごっこやスポーツで思い切り走り回る
B：静かに友だちとお話する
C：みんなの意見をまとめて計画を立てる
D：楽しい遊びを見つけて盛りあげる

Q 友だちがなやんでいたらどうする？
A：元気が出るように「だいじょうぶだよ！」と言う
B：ゆっくり話を聞いてあげる
C：「こうしたらいいんじゃない？」とアドバイスする
D：楽しい話題で笑わせて元気づける

Q ほめられて一番うれしいのはどれ？
A：「がんばり屋さんだね」
B：「やさしいね」
C：「しっかりしてるね」
D：「おもしろいね」

チャレンジャー タイプ！

新しいことにどんどんちょう戦する、行動力バツグンなタイプ。目標に向かってがんばる姿は、みんなのあこがれ。

やさしさマスター タイプ！

友だちやまわりの人を大切にできる、やさしさたっぷりのタイプ。困っている人を助けるあなたはみんなから信らいされているよ。

しっかり者 タイプ！

物事をきちんと進めるのが得意なタイプ。計画的に動けるから、みんなをサポートするたのもしい存在だね。

ムードメーカー タイプ！

楽しいことが大好きで、みんなを笑顔にするのが得意なタイプ。あなたがいると、どんな場所でも明るくなるよ。

この世には自分とまったく同じ人はいなくて、

ひとりひとりが個性を持っている。

だから、友だちは

きみに新しい世界を教えてくれる存在なんだ。

きみが「自分」という友だちを

大事にできたとき、

友だちのことも大事にできるようになるんだよ。

それができるようになったきみはいつか、

友だちは「つくる」ものではなく

「できる」ものだと気づくはず。

3章「好き」が友だちをつくる

みんなのタイプを知ろう

班で町たんけんの場所を決めることに。
みんなタイプがバラバラで、意見がまとまりそうにないんだけど…。

人間観察してみよう

P.74のタイプ診断テストでは、あなたはなにタイプだったかな？ あてはまるタイプがひとつの人もいれば、いろんなタイプにあてはまる人もいたかもしれないね。それでは、まわりを見わたしてみよう。みんなはどんなタイプだと思う？ タイプを知れば、みんなで話し合いをするときにどんなふうに接したらいいかがわかってくるよ。

●タイプ別 発言してみよう！

・チャレンジャータイプ
「近くの神社に行こう！」
「商店街が一番楽しいと思う！」

・やさしさマスタータイプ
「みんなはどこに行きたい？」
「わたしは〇〇くんの意見に賛成だな」

・しっかり者タイプ
「多数決で決めようか」
「それならふたつの場所に行くのはどう？」

・ムードメーカータイプ
「あそこはおもしろいよ！」
「遠いところに行ってみたいな〜」

タイプを活かして もっと楽しく

わたしはしっかり者タイプだから、
みんなの意見を聞いて、
ふたつの場所に行くことを提案してみたよ。
最初はどうなるかと思ったけど、
神社と商店街に行くことに。
みんなの希望に合った
場所が決まってよかった。

3章「好き」が友だちをつくる

ちがうからこそ
おもしろい

町たんけんに出かけたら、
興味のあることがみんなバラバラ。
うろうろする人もいれば、
写真ばかりとる人もいる。
わたしはじっくりお話を聞くのが
大事だと思うんだけど…。

「ちがう」から「好き」が見つかる

まわりのみんなを見わたしたとき、あなたとまったく同じ人はいるかな？　みんな、かならずどこかちがうよね。同じところがあるほうがなかよくなりやすいかもしれないね。でも、このちがいは「個性」といって、とても大事なことなんだよ。

みんな同じ意見のほうがいいとは限らない。むしろ、ちがうということは「学び合える」ってことなんだ。タイプのちがうお友だちをよく観察してみよう。自分にはないものが見えてくるよね。それは言いかえると、あなたにしかない「個性」が見つかるってことなんだよ。

3章「好き」が友だちをつくる

●友だちとチェックしてみよう
・好きな色は?
・好きな科目は?
・好きな食べ物は?
・将来の夢は?
・得意なことは?
・よく行く場所は?

同じもの、ちがうものはいくつあったかな? あなただけの「好き」は見つかったかな? 友だちの「好き」を、自分もためしてみるのもいいね。みんなと同じになろうとしなくてだいじょうぶ。おたがいの個性を尊重しよう。

もっと個性を光らせよう!

ちゃんと話を聞かないみんなにハラハラしたけど、
うろうろしていた○○くんは
新しい近道を発見したの!
○○さんはすごくきれいな写真をとっていて、
びっくりしちゃった。
おかげで、わたしたちの班の
新聞はとっても
すてきなものになったよ。

3章「好き」が友だちをつくる

自分の時間を大事にしよう

友だちといる
時間も好きだけど、

どちらかというと
ひとりのほうが楽しいなあ…。

自分という もうひとりの友だち

みんなといると
楽しくて
いそがしいな！

ひとりの時間も大切だよ。あなたのとなりに「自分」という友だちがいると想像してみよう。みんなとばかり遊んでいて、その友だちのことを放っておいたり、大事にしてなかったら、その友だちは自信をなくして、姿が見えにくくなるかもしれないよ。
学校ではたくさんの人にかこまれて、家に帰ってもスマホがあれば友だちとおしゃべりができる。でも、たまにはひとりの時間を持って「自分」という友だちを喜ばせてあげよう。

3章「好き」が友だちをつくる

● 「自分」という友だちが喜ぶこと

本を読む

のんびりする

想像力を
はたらかせる

いっしょに
物語を作る

ひとりでも
できる遊び

「わたし」を深めて出会う友だちもいる

たまたま家にあった『モモ』っていう
大きなオレンジ色の本。
おもしろすぎて、学校にもってきて
休み時間に読んでいたら「ええっ？ その本…
わたしも好きなんだ！」ってびっくりされたよ。
こんな変わった本を知ってる人が
クラスにいるなんて、わたしもびっくり。
なんだかあの子とは
なかよくなれそう…。

3章「好き」が友だちをつくる

友だち関係で自信をなくしたら

かわいくて頭がよくて
スポーツもできる自まんの友だち。
だけど、ときどきその子と比べて落ちこんじゃう。
ダンスコンテストでも
わたしよりいい成績だったし…。

比べることで自分に気づく

　友だちがほめられたり、かっこよかったり、評判になったりするのを「いいなあ」「うらやましいなあ」と思う気持ちは、とてもいいことだよ。なかまの活やくをいっしょに喜んだり、いいところに気がつけるあなたは、落ちこむことなんてない。

　大切なのは、そのあとの気持ち。「あの子、失敗すればいいのに」とか「ズルして追いぬいてやろう」と思うのではなく、「がんばってかたをならべよう」

「教えてもらおう」「いっしょにいられてうれしいな」
というふうに、相手への尊敬や応えんの気持ちをふ
くらませられたなら、それはあなたが心の中にすば
らしい宝物を持っていることのしょうこなんだよ。

●人といろいろ比べたがるけど…
・身長の順
・成績の順
・かっこいい
・おしゃれ　など

●自分の成長を比べてみよう
・おたがいの努力を喜べるようになった自分
・おたがいの成功を応えんできる自分
・自己ベストをこう新した！
・自分に似合うおしゃれを見つけた！　など

友だちは あなたの鏡

こんなに尊敬できる、すてきな友だちが
ずっとなかよくしてくれてるなんてうれしいな。
いつも応えんしてるよ。
「すごいね！　そのダンスのステップ
教えてくれないかな」ってたのんだら、
すぐにコツを教えてくれたよ。
わたしにもできるかも！

3章「好き」が友だちをつくる

お友だちを さそってみよう

お昼休みはみんなで
ドッジボールをすることになったよ。
ポツンと輪から外れている子がいる。
声をかけようかな、
どうしようかな。

？

苦手な子、ひとりの子ともなかまになれるかな

どうしようか

わからない

迷ってる
（おたがいもやもやしている）

みんな
待ってる

あなたにもひとりでいたいときってあるよね。同じように、苦手だと思ってたけど無理やりさそわれて、やってみたらおもしろかったって経験も、あるよね。ひとりの子もさびしいとは限らないけれど、まずは声をかけてみよう。

3章「好き」が友だちをつくる

迷うくらいだったら
自分からさそった
ほうが楽しいし
こうかいしない
(おたがいすっきりするね)

どうなるかわからないから迷う。そんなときは、「わからないけど、こちらからなにかアクションができる自分」になれるようにがんばってみて！　予想外の楽しいことが起こるかも。そして、「やる・やらない」は相手の選択。相手の気持ちを尊重してあげられるやさしさを持ってね。

行動を起こせば、世界は楽しさに満ちている

「いっしょにやる?」って声をかけたら
「さそってくれてうれしい。ありがとう!
でも、今〇〇ちゃんにお手紙を書いてるの」
だって。なんだ、そういうことだったのか。
「いいね!」って伝えたら、
今度わたしにも書いてくれるって。
思いがけない展開!
自分から声をかけて
みてよかった。

3章「好き」が友だちをつくる

いろんな人と友だちになってみよう

友だちは
たくさんいたほうがいいの？

おどろきと発見を あたえてくれるのが 友だち

あなたは友だちがたくさんいるかな？　でも、「たくさん」ってなん人のことだろう？　多いか少ないかは、じつは自分で決めるのはむずかしいことなんだ。5人が多いと思う人もいれば、少ないと思う人もいるよね。大事なのは人数じゃないんだ。

友だちがいるのはすてきなこと。友だちは、発見をさせてくれて、あなたの考え方を広げてくれる。友だちを通じて、はじめて自分のことがわかるようになる。いろんな人と関われば関わるほど、自分の想像をこえていけるんだ。それってワクワクしない？　これから先、クラスや性別や、学校や年れいをこえて、いろんな人と出会っていくなかで、あなたはどんどん世界を広げていくんだ。

3章「好き」が友だちをつくる

● もしも新しいものに出合ったら…
友だちが小説をおすすめしてくれたけど、あなたはあまり本には興味がない。こんなとき、どうする?

好きじゃないから読まない
↓
なにも変わらない

とりあえず読んでみる
↙ おもしろくなかった　　おもしろかった ↘

ほかの本を読んでみる?
↓
やめておく　やってみる
↓　　　↓

次の本も読んでみる
↓
おもしろくなかった　おもしろかった
↓　　　　　　　　　　↓

ほかのしゅみをためしてみよう!

友だちにおすすめを聞いてみよう!

本の好みがわかった!

本好きかも。いろんな本を読んでみよう!

友だちはおどろきと発見をあたえてくれる

小説を読んでいる友だちがいたから、
ふだんは読まないけど、ためしに借りてみたんだ。
むずかしくて読めなかったって伝えたら、
宝石のずかんを貸してくれたの。
それがとってもおもしろくて！
今じゃ、わたしも友だちに
おすすめの本を貸してあげてるんだ。

3章「好き」が友だちをつくる

こんな友だちできるかも

友だちが少なくて、
ちょっと不安かも。
たくさんいないといけないのかな？

自分の「好き」を大切に

　スポーツが好きなあの子は、学校の友だちがすぐにできた。つりが好きなあの子は、川に行くと別の学校の友だちや、年のちがう中学生や大人とも友だち。ネットゲームが好きなあの子は、言葉のちがう海外の友だちとも遊んでいるんだって。
　友だちって、今あなたのクラスの中にいる人だけなのかな？　たとえば、ひとりで本を読んでいるとき。大好きな物語の登場人物や、今はもういない作者のことが、なんだか大切な友だちのようにも思えるかも

しれない。いつか、その本が好きなだれかと友だちになるような予感もする。年が同じじゃなくても、国や住む場所がちがっても、もしかしたら、今すぐに会うことはできなくても…わたしがなにかを「とっても好き」でいるのなら、友だちは向こうからやってきてくれるかもしれないよ。

●今、自分の好きなものは？
・サッカー
・ゲーム
・本
・YouTube
・旅行
・料理をすること
・絵をかくこと
・音楽や数学

●未来にはこんな友だちができるかも
・ちがう学校の友だち
・年のはなれた友だち
・海外にいる友だち
・言葉がちがう友だち
・動物や宇宙人の友だち…??

あせらずゆっくり
友だちになろう

そんなことを先生に話したら
「そういえばぼくは山登りや自然が好きで…
山や自然を通じて
たくさんの友だちができましたよ。
いえいえ人だけでなく、動物や植物や石…
宇宙人とも友だちになれるかもね」だって。
変わってるなあと思ったけど、
なんだかその気持ち、
わかる気がするな。

3章「好き」が友だちをつくる

別れは
出会いのはじまり

せっかくなかよくなれたのに、
大好きな○○ちゃんと
クラスがはなれちゃった。
新しいクラスには
なかよしの友だちがいなくて
不安でいっぱい…。

新しい出会いのチャンス

　クラスがえのある学校では、せっかくなかよくなれた友だちとはなれてしまうこともあるよね。毎日同じ教室にいられないのはとてもさみしいと思う。でも、その友だちとも最初は「はじめまして」だったよね。おたがいにきんちょうしていたけど、時間をかけてなかよくなっていったはず。新しいクラスでも、また同じようになかよくなれるお友だちが見つかるはずだよ。まずはあいさつして、自分から話しかけるんだったよね。はなれてしまった友だちも、もう話せなくなるわけじゃない。ときどきクラスをのぞいてみたり、いっしょに

帰ったりしよう。もし新しいお友だちができたら、しょうかいしてもいいかもしれない。そうやって、どんどん友だちの輪は広がっていく。別れがあるから、新しい出会いがあるんだよ。

●こんなときどうする？
●クラスが変わって、〇〇ちゃんとあまり会わなくなっちゃった。
・自分から会いに行く→◎
　〇〇ちゃんもさみしがっているかも。きっと喜ぶよ。
・もう友だちじゃないのかと落ちこむ→×
　それはきっとかんちがい。〇〇ちゃんの様子を見に行ってみよう。
●〇〇ちゃんが知らない友だちとなかよくしているのを見かけたよ。
・声をかける→◎
　〇〇ちゃんの友だちともなかよくなれるチャンスかもしれないね。
・〇〇ちゃんをとられたような気がしてモヤモヤする→×
　「なかまに入れて」「またいっしょに遊ぼう」と声をかけてみよう。

友だちの輪は広がっていく!

新しいクラスで△△さんと友だちになったよ。
タイプはちがうけど、とってもいい子。
ときどき○○ちゃんのクラスに遊びに行くんだけど、
この前△△さんをしょうかいしたら、
意気投合しちゃった!
今では3人で遊びに行くくらい
なかよしなんだ。

おわりに

最後まで読んでくれてありがとう！

この本に書いてあることは、ただひとつの「答え」
ではないって、読みながらきみは気づいていたかも
しれないね。

友だちの数だけ「好き」があって、その「好き」も
毎日変化しつづけるもの。

いつかこの本をもう一度読んだときには「わたしな
らこうするな」「こういうのもありかも」「ほかにもこ
うできる」といったふうに考えたり、書きこんだりし
てみてほしいな。

だって "答えを知っている" ことより、"考えることが
できる" ことのほうが大切なことだから。

監修　白坂洋一（しらさか よういち）

1977 年鹿児島県生まれ。鹿児島県公立小学校教諭を経て、筑波大学附属小学校国語科教諭。
『例解学習漢字辞典』（小学館）編集委員。『例解学習ことわざ辞典』（小学館）監修。全国
国語授業研究会副会長。「子どもの論理」で創る国語授業研究会会長。

キャラクター著作	株式会社サンリオ
装丁・本文デザイン	生田恵子（NORDIC）
DTP	田端昌良（ゲラーデ舎）
編集協力	青木紀子・花岡樹
校正	合田真子
編集人	安永敏史（リベラル社）
編集	中村彩（リベラル社）
営業	澤順二（リベラル社）
広報マネジメント	伊藤光恵（リベラル社）
制作・営業コーディネーター	仲野進（リベラル社）

編集部　尾本卓弥・木田秀和・濱口桃花
営業部　川浪光治・津村卓・津田滋春・廣田修・青木ちはる・竹本健志・持丸孝

シナモロールの お友だちとなかよくするには？

2025 年 2 月 26 日　初版発行

編　集	リベラル社
発行者	隅田直樹
発行所	株式会社 リベラル社
	〒460-0008 名古屋市中区栄 3-7-9 新鏡栄ビル8F
	TEL 052-261-9101　FAX 052-261-9134
	http://liberalsya.com
発　売	株式会社 星雲社（共同出版社・流通責任出版社）
	〒112-0005 東京都文京区水道1-3-30
	TEL 03-3868-3275
印刷・製本所	株式会社 シナノパブリッシングプレス

© 2025 SANRIO CO., LTD. TOKYO, JAPAN Ⓗ
ISBN978-4-434-35378-9　C8076
落丁・乱丁本は送料弊社負担にてお取り替えいたします。